...Chuchotements de l'Amour...

50 NUANCES D'HAIKUS

Lydie De Bellerive

50 NUANCES D'HAIKUS

Édition : BoD · Books on Demand, 31 avenue Saint-Rémy, 57600 Forbach, bod@bod.fr
Impression : Libri Plureos GmbH, Friedensallee 273, 22763 Hamburg (Allemagne)

Impression à la demande
ISBN : 978-2-3225-7393-6
Dépôt légal : Février 2025

Lécher dans ton cou

Une goutte de Soleil

Soupir renversant

Coller tes deux mains

9

Sur la faïence du désir

Douche sensuelle

Prendre tout son temps

10

Avec le corps de l'autre

Erotisme doux

Devenir l'excuse

D'un ciel bleu nuit si fragile

Blancheur d'une lettre

Ouvrir la cage

12

Bonheur entre les ailes

La force de l'air

Pays des ombres

13

Chercher la simplicité

Lumière de ton cœur

Garder le silence

14

Une symphonie aveugle

La couleur du temps

Journée silencieuse

15

Soleil au creux du genou

Roulant jusqu'au cou

Chaleur estivale

Imbibée de silence

Et le glaçon fond

Etre ce double

17

Devenir cette moitié

Créer l'Etre entier

Insomnie d'amour-

18

Mendier un clair de Lune

Dormant sur ta peau

Marcher sans un mot

Vers cet instant fragile-

Rayon de sourire

Contempler la force

De ton âme merveilleuse

Là sous le soleil

Coucher du soleil-

21

Mon ombre me raccompagne

Aux pays des rêves

Fièvre amoureuse-

22

A essuyer mon corps nu

D'un doux matin bleu

Près de la chandelle

23

Le froissement du drap blanc-

Une rose rouge

Au creux de mes reins

24

Une ombre de papillon-

Retenir le ciel

Dévorer des yeux

25

Les courbes mystérieuses-

Les mains dans le dos

Harmonie de mots

26

Langoureux sur ta peau-

Caresse de paroles

Brûlure du silence

27

Souffle attisant cette fièvre-

Briser la glace

Suggérer le jeu

De ta langoureuse absence

Murmurer ton nom

Pour s'apprivoiser

Dans le respect immobile-

Sourire complice

Graver de son feu

La courbe sacrée du temps

Une pluie sensuelle

Volupté d'un rêve

31

S'égarant sous le drap nu-

Irrésistible

Ecrire sur ton corps

Avec les mots de l'amour

La soie du silence

Corps qui s'endort

Doucement dans l'aurore d'or-

Soupir de l'amour

Abandon tu temps

34

Dans le regard du désir

Vertige troublant

Matin sans un mot

Le regard plein de rêves

L'odeur du café

Séduire le charme

36

Suggérer le mystère

Et perdre son âme

Dormir sous la lune

37

Le corps ondulant dans l'onde

De ses lueurs nues

Courtois équilibre

Entre le sable et la mer-

Caresse du soleil

Regard écrasé

Sur la buée des pensées-

Le cœur chaviré

Ombres s'assemblant

Dans les draps de la nuit-

Frissons étoilés

Effleurer la bouche

Gourmande gourmandise

Goûter son sourire

Journée silencieuse

Ecrasée sous la chaleur-

Briser la glace

Etonner le soleil

43

En devenant mirage-

Brûler de plaisir

Oser inventer

Avec le corps de l'autre-

Prendre tout son temps

Journée oubliée

Sous la caresse de mes rêves

Un baiser soudain

Vertiges sensuels

46

Dans un corps à cœur sage

Confiance absolue

Reflets de nos âmes

47

Dans la douceur de nos mains

Aimer doucement

Délices des corps

S'apprivoiser sans hâte

Farouches désirs

Dans l'aube essoufflée

49

S'étirer au creux de bras

Où rêve un sourire

Paradis en fleur

Une main papillonne

Le soleil rougit

Caresser le temps

51

Complice d'un baiser lent

Plaisir en secret

Le vent se colle

52

Sur la douceur de ma peau-

Ta main le poursuit

Frissons sur la peau

53

Mystérieux désir sensuel

Complicité nue

Un doigt sur la lèvre

Gonfler d'amour chaque souffle

Goutte sublime

Ecrire quelques mots

55

Sur les nuages de tes songes

Les rêver tout haut

Murmure d'une douche

Dégoulinant de douceur-

Garder les yeux clos

Un doigt sur la bouche

57

Faire l'osmose de nos souffles

Goutte de salive

Chuchotement nu

Sous la dentelle humide

Caresse appuyée

Printemps du désir

Enlaçant nos étreintes

Sur la mousse verte

Sommeil érotique

Mon corps posé sur ton corps

Presque immobile

Poser le regard

61

Sur l'horizon de nos corps

Suivre l'arc en ciel

Irrésistible

62

Séduction fusionnelle

Amour absolu

Lécher la peau nue

Fiévreuse et complice

Lueur satinée

Effleurer la peau

64

Apprivoiser sa douceur

Vertige complice

Un flirt élégant

65

Entre nos corps se frôlant

Une rose rouge

Etre nu dans l'eau

Jeu de petits poissons rouges

Les ongles rubis

Elan sans effort

67

Glissant dans les délices

Soie de l'extase

Démarche féline

Caresse un peu sauvage

Trace de griffe

Poser les deux mains

69

Sur l'intensité brûlante

Plaisir du massage

Calme de la peau

S'attarder vers cet ailleurs

Où la nuit rougit

Dans les draps froissés

Sommeille l'intimité

Elégance nue

Fantasme trop sage

72

Retenir chaque geste

Un amour courtois

Fièvre du désir

73

Brûlures délicieuses

Laisser fondre l'instant

Ecrire l'amour

74

Murmurer son osmose

Mystère sensuel

Lécher doucement

75

Les reliefs d'une sculpture

Et fermer les yeux

Le drap des secrets

Des baisers lents et sucrés

Délicieux pêché

Rougeur de la soie

77

Un jeu de hasard à deux

Extase soyeuse

Dompter le désir

Sur une bouche impatiente

Douce morsure

Attendre sans bruit

79

La caresse insistante

Cambrure soudaine

Complicité sage

Gonflant les balancements

Se laisser tomber

Le plaisir intense

Renversant toute sagesse

Douceur du vertige

Force du regard

Dentelle langoureuse

Instant dévoré

Lécher chaque doigt

Dans un corps à corps de miel

Lune sensuelle

Se séduire toujours

85

Harmonie de notre Amour

Notre Rendez-vous

Livres précédents (BoD)

* *Dans le Vent (VII 2017)*
* *Ecrits en Amont (VIII 2017)*
* *Jeux de Mots (VIII 2017)*
* *Etoile de la Passion (VIII 2017)*
* *As de Cœur (XI 2017)*
* *Pensées Eparses et Parsemées (XI 2017)*
* *Le Sablier d'Or (XI 2017)*
* *Rêveries ou Vérités (I 2018)*
* *Couleurs de l'Infini (II 2018)*
* *Exquis Salmigondis (V 2018)*
* *Lettres simples de l'être simple (VI 2018)*
* *A l'encre d'Or sur la Nuit (X 2018)*
* *A la Mer, à la Vie (XI 2018)*
* *Le Cœur en filigrane (XII 2018)*
* *Le Silence des Mots (III 2019)*
* *La Musique Mot à Mot (IV 2019)*
* *Les 5 éléments (V 2019)*
* *Univers et Poésies (VIII 2019)*
* *Les Petits Mots (X 2019)*
* *Au Jardin des Couleurs (XI 2019)*
* *2020 (XII 2019)*
* *Nous... Les Autres (X 2020)*
* *Ombre de soie (III 2020)*
* *Les Jeux de l'Art (IV 2020)*
* *Harmonie (VI 2020)*
* *La source de l'Amour (VIII 2020)*
* *Au pays des clowns (X 2020)*
* *365 (XI 2020)*
* *L'Amour écrit... (XII 2020)*
* *Haïkus du Colibri (II 2021)*
* *Le Bonzaï d'Haïkus (IV 2021)*
* *Blue Haïku (V 2021)*
* *Avoir ou ne pas Avoir (VII 2021)*
* *Haïkus du Soleil (VIII 2021)*

* *Equinoxe (XI 2021)*
* *Un jour... Un poème (XII2021)*
* *50 nuances d'Amour (VI 2022)*
* *Haïkus de l'Eté (VIII2022)*
* *Haïkus blancs de l'Hiver (X2022)*
* *Philopoésie (XI 2022)*
* *Toujours (XII2022)*
* *Sagesse (VI2023)*
* *Haïkus zen indigo (VII2023)*